Programmentwurf.
Spielprogramm Käsekästchen

Tobias Hüttig

Bibliografische Information der Deutschen Nationalbibliothek:

Die Deutsche Nationalbibliothek verzeichnet diese Publikation in der Deutschen Nationalbibliografie; detaillierte bibliografische Daten sind im Internet über http://dnb.d-nb.de abrufbar.

ISBN: 9783346744616
Dieses Buch ist auch als E-Book erhältlich.

Druck und Bindung: Books on Demand GmbH, Norderstedt Germany
Gedruckt auf säurefreiem Papier aus verantwortungsvollen Quellen

Das vorliegende Werk wurde sorgfältig erarbeitet. Dennoch übernehmen Autoren und Verlag für die Richtigkeit von Angaben, Hinweisen, Links und Ratschlägen sowie eventuelle Druckfehler keine Haftung.

Das Buch bei GRIN: https://www.grin.com/document/1284348

Seminararbeit

Zum Thema

„Programmentwurf TV19 – Spielprogramm Käsekästchen"

Vorgelegt von: Tobias Hüttig
Vorgelegt am: 31.07.2020

Campus DHGE: Eisenach

Studienbereich: Wirtschaftsingenieurwesen

Studienrichtung: Technischer Vertrieb

Inhaltsverzeichnis

Abbildungsverzeichnis

Abkürzungsverzeichnis

DEV-C++	Programmierumgebung für C und C++ mit einem MinGW64-Compiler
Int	Integer (ganze Zahl)
Array	Aneinanderreihung von Elementen eines Datentyps
Char	Datentyp Char steht für Charakter (Buchstabe)
String	Ist eine endlich Abfolge von Zeichen (Zeichenkette)
Bubble Sort	Ist eines der einfachsten Sortierverfahren

1. Einführung in die Thematik

1.1 Beschreibung der Aufgabe

In dieser Aufgabe geht es darum, das Strategiespiel Käsekästchen in der Programmiersprache „C" zu konfigurieren. Es geht darum, abwechselnd zwischen Spieler 1 und Spieler 2 möglichst viele Kästchen zu erobern. Ein Kästchen ist erobert, sobald die vierte Wand um ein Kästchen platziert wird. In jedem Zug setzt ein Spieler eine Wand. Wenn ein Spieler ein Kästchen erobert hat, muss er gleich noch einen Zug tätigen und kann so gegebenenfalls ein weiteres Kästchen gewinnen. Wenn alle Wände durch Spieler 1 und Spieler 2 besetzt sind, ist das Spiel zu Ende. Derjenige, der die meisten Kästchen besetzt, ist der Gewinner des Spiels. Des Weiteren ist das Spiel auch gegen einen Roboter möglich. Im Englischen wird das Spiel Dots and Boxes bezeichnet.

```
[*] kaesekas-E190061TV.c
 1   /**********************************************************
 2   **   Tobias Huettig, E190061TV, TV19-INF2          **
 3   **                                                 **
 4   **  Programm: kaesekas.c                           **
 5   **                                                 **
 6   **  Dieses Programm .....                          **
 7   **                                                 **
 8   **                                                 **
 9   **  Das Programm hat keine Eingabeparameter        **
10   **                                                 **
11   **********************************************************/
12
13   // includes und andere Compiler-Direktiven
14
15   #include <stdio.h>
16   #include <stdlib.h>
17   #include <conio.h>
18   #include <windows.h>
19   #include <string.h>
20
21   // Definitionen
22
23   #define PROGNAME "kaesekas"    |  // Beispiel für Text-Define, der ausgegeben werden soll
24   #define VERSION 0.1               // Beispiel für Zahlen-Define, mit dem auch gerechnet werden koennte
25
```

```
⊞ Linker  ✎ Debugger  🔍 Suchergebnisse  ⊞ Schließen
- Warnings: 0
- Output Filename: C:\Users\tobias.huettig\Tobias Hüttig\dev-C1\Kaesekaestchen\kaesekas-E190061TV.exe
- Output Size: 137,9140625 KiB
- Compilation Time: 2,34s
```

Abbildung 1: DEV-CPP Programmierumgebung

Wenn ein Spieler am Zug ist, muss er eine Wand setzen. Dazu muss er die gewünschte Zeile und Spalte auswählen in der noch keine Wand steht. Im darunterliegenden Bild sind von beiden Spieler Züge getätigt und auch schon Kästchen gewonnen. Im Kästchen steht für Spieler 1 die eins und für Spieler 2 die zwei. Zudem werden die gewonnen Kästchen gezählt.

1

2. Entwurf der Spielabläufe

```
C:\Users\tobias.huettig\Tobias H'ttig\dev-C1\Kaesekaestchen\kaesekas-E190061TV.exe          —  □  ×
Herzlich Willkommen zu: kaesekas v0.10

Bitte waehlen Sie aus:

Neues Spiel 2 Spieler           N
Neues Spiel Spieler/Robot       R
Neues Spiel Robot/Robot         T
Liste letzte Spiele             L
Spielergebnis speichern         S

Programmende                    E
Punkte Spieler 1: 1  Spieler 2: 1

   A B C D E F G H I J K
 1 +   +   +   +   +---+
 2                 | 2 |
 3 +   +   +---+   +---+
 4         |
 5 +   +   +   +   +   +
 6         |
 7 +   +---+   +   +   +
 8     | 1 |   |
 9 +---+---+   +   +   +
10
11 +   +   +   +   +   +

Spieler 1:
Eingabe:
```

Abbildung 2: Implementierung von Käsekästchen

2.1 Bildschirmdarstellung

Der Bildschirm ist im Hintergrund mit einem Grauton belegt und die Schrift wird blau dargestellt. Zunächst ist im oberen Bereich des Bildschirms eine Begrüßung und der Programmname zu sehen. Danach folgen verschiedene Auswahlmöglichkeiten, wie:

- Neues Spiel mit zwei Spielern,
- Neues Spiel gegen einen Roboter,
- Neues Spiel mit zwei Robotern,
- Speicherung der Spielergebnisse,
- Auflistung der Spielergebnisse und
- Spielende.

Oberhalb des Spielfeldes werden die gezählten Punkte für Spieler 1 und Spieler 2 angezeigt. Unterhalb des Spielfeldes wird angezeigt, welcher Spieler gerade am Zug ist und die vom Spieler für den Spielzug notwendige Eingabe zum Setzen.

2.2 Eingabe der Spielzüge

Das Spielfeld wird mittels eines Arrays mit 11 Zeilen und 11 Spalten dargestellt und somit ergibt sich ein Kästchenfeld mit dem Muster 5x5. Die Eingabe der Spielzüge ist so konzipiert, dass für die Zeile in die gesetzt werden soll ein Buchstabe zwischen A und K zu wählen ist. Um die zugehörige Spalte für den Zug zu wählen, muss eine ganze Zahl zwischen 1 und 11 (int) gewählt werden. Sollte bereits ein Feld besetzt sein, oder eine fehlerhafte Eingabe für den Spielzug vom Spieler erfolgt sein, so wird ausgegeben, dass das Spielfeld belegt ist und nochmal erneut gesetzt werden soll.

2.3 Feststellen des Ergebnisses – Zählen der gewonnenen Felder

Die Spieler 1 und Spieler 2 setzen abwechselnd, außer ein Spieler gewinnt ein Kästchen, dann darf er nochmal setzen. Nachdem ein Kästchen mit vier Wänden umrandet wurde, wird dem Spieler ein Punkt zugeordnet. Das Spiel ist erst beendet, wenn alle Möglichkeiten für einen Zug ausgeschöpft sind. Dass heißt, es müssen alle Kästchen mit Wänden umrandet sein. In jedem Kästchen erscheint die Nummer des Spielers, der den Punkt für den letzten Zug zum umranden des Kästchens getätigt hat. Die Punktezählung läuft fortlaufend bis zum Spielende. Am Ende des Spiels wird unterhalb des Spielfeld der Gewinner des Spiels angezeigt.

Anschließend ist eine Speicherung des Spielergebnisses und die Einsicht in die Spielerliste möglich.

3

3. Programm-Umsetzung

Im Folgenden ist das Struktogramm des Hauptprogrammablaufes für das Spiel Käsekästchen abgebildet.

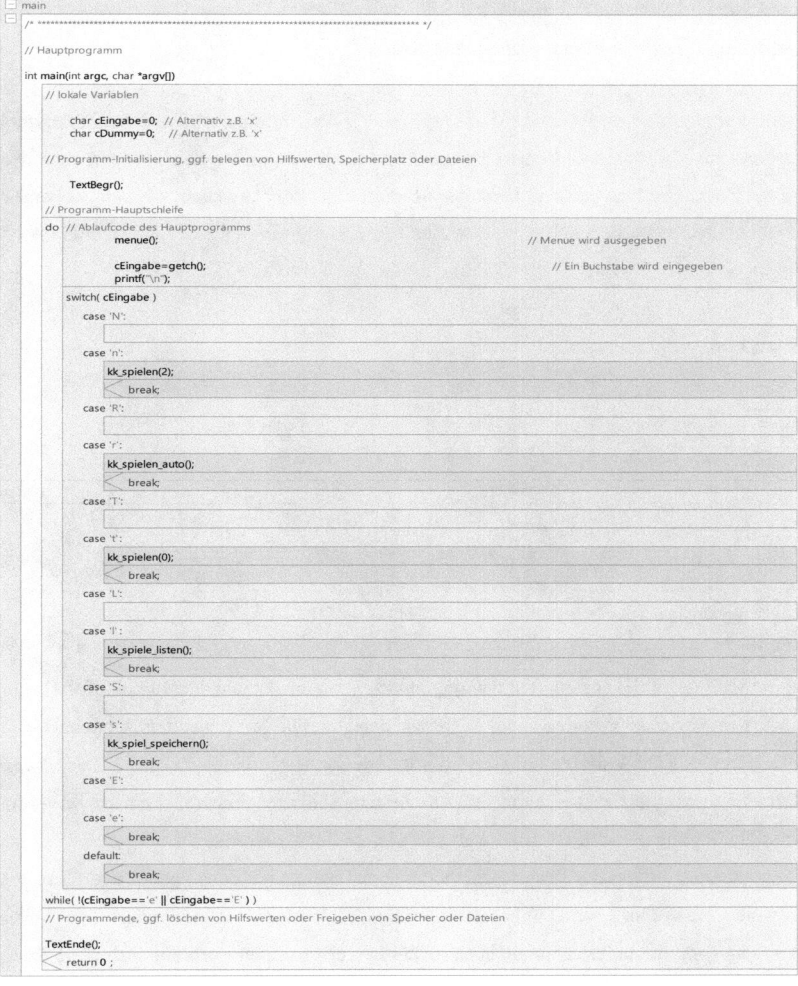

Abbildung 3: Struktogramm des Programmablaufs Hauptprogramm

Im Hauptprogramm werden über die Hauptschleife alle Möglichkeiten des Spiels Käsekästchen im Menü angezeigt und durch Eingabe des Buchstabens angewendet.

3.1 Funktion „int ZufallszahlZwischen(int low, int high)"

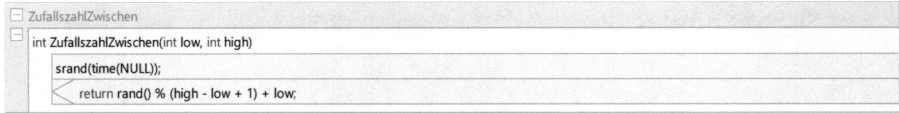

```
☐ ZufallszahlZwischen
☐   int ZufallszahlZwischen(int low, int high)
       srand(time(NULL));
          return rand() % (high - low + 1) + low;
```

Abbildung 4: Struktogramm des Programmablaufs Zufallszahlen

In der Bibliothek stdlib.h gibt es die Funktion rand(), welche eine willkürliche Zufallszahl generiert und ausgibt. Die Zahl liegt zwischen 0 und einer maximalen Zahl. Möchte man den Bereich der Zufallszahl eingrenzen, kann der Modulo-Operator verwendet werden. Bevor die Zufallszahlen erstellt werden, sollte die Funktion srand() aufgerufen werden. Diese initialisiert den Zufallszahlen-Generator, um die Zufälligkeit der Zahlen zu gewährleisten.[1]

3.2 Funktion „void loescheSpielFeld()"

```
☐ loescheSpielFeld
☐   void loescheSpielFeld()
       int iZeile=0, iSpalte=0;
       for( iZeile=0; iZeile<=10; iZeile++ )
          for( iSpalte=0; iSpalte<=10; iSpalte++ )
             cSpielfeld[iZeile][iSpalte]=0;
       iPunkte[0]= 0;
       iPunkte[1]= 0;
       iZuege = 0;
```

Abbildung 5: Struktogramm des Programmablaufs Spielfeld löschen

Die **for**-Schleife ist Zähler gesteuert und wird genutzt, wenn die Anzahl der Durchläufe bekannt ist. Es wird immer eine Variable für das Zählen der Durchläufe verwenden. Üblicherweise benennt man diese Zähl-Variablen beginnend mit dem Buchstaben **i**, also i, j, k, l. Das Setzen des Startwertes wird als erstes beim Ausführen der Schleife gemacht. Danach wird die Durchlauf-Bedingung geprüft. Ist diese wahr, wird der Block zwischen { } ausgeführt. Ist der Block abgearbeitet, springt das Programm wieder nach oben zum Kontrollpunkt und führt den Befehl weiter aus. Dort wird üblicherweise die Zählvariable inkrementiert (++) oder dekrementiert (--). Schleifen können auch beliebig verschachtelt werden. Beim Spielfeld löschen gibt die äußere Schleife an, dass die Zeilen und Spalten ausgegeben werden. In jeder Zeile und Spalte soll mittels der inneren Schleife gelöscht werden.[2]

---

[1] Vgl. http://www.c-howto.de/tutorial/uebungen/teil-1/
[2] Vgl. http://www.c-howto.de/tutorial/schleifen/for-schleife/

3.3 Funktion „void zeigeSpielFeld()"

```
void zeigeSpielFeld()
  int iZeile=0, iSpalte=0;                                    // definiere Schleifenvariablen

  printf("Punkte Spieler 1: %i  Spieler 2: %i \n\n", iPunkte[0], iPunkte[1]);

  //Legende oben
  printf("   A B C D E F G H I J K\n");

  for( iZeile=0; iZeile<=10; iZeile++ )
    //Legende am Zeilenanfang
         printf("%2i ", iZeile+1);

    // Zeileninhalt
    for( iSpalte=0; iSpalte<=10; iSpalte++ )
      if ( iZeile%2!=0 )
      then
        // Ungerade Zeilen, also Felder mit vertikalen Grenzen und Feldern
        if ( (iSpalte%2==0)&&(iZeile%2!=0) )
        then
          // Ungerade Zeilen-, gerade Spaltennummer = leer oder -
          if ( cSpielfeld[iZeile][iSpalte]==9 )
          then
            // Umrandung gesetzt
            printf("|");
          else
            printf(" ");
        else

        if ( (iSpalte%2!=0)&&(iZeile%2!=0) )
        then
          // Ungerade Zeilen- und Spaltennummer = Spieler
          if ( cSpielfeld[iZeile][iSpalte]!=0 )
          then
            printf(" %1i ", cSpielfeld[iZeile][iSpalte]);
          else
            printf("   ");
        else

      else
        // sonst gerade Zeilen, also "Punkte" mit horizontalen Grenzen
        if ( (iSpalte%2==0)&&(iZeile%2==0) )
        then
          // Gerade Zeilen- und Spaltennummer = +
          printf("+", cSpielfeld[iZeile][iSpalte]);
        else

        if ( (iSpalte%2!=0) && (iZeile%2==0) )
        then
          // Gerade Zeilen-, ungerade Spaltennummer = leer oder -
          if ( cSpielfeld[iZeile][iSpalte]==9 )
          then
            // Umrandung gesetzt
            printf("---");
          else
            printf("   ");
        else

    printf("\n");
  printf("\n");
```

Abbildung 6: Struktogramm des Programmablaufs Spielfeld zeigen

6

3.4 Funktion „int Gewinnabfrage(int spieler)"

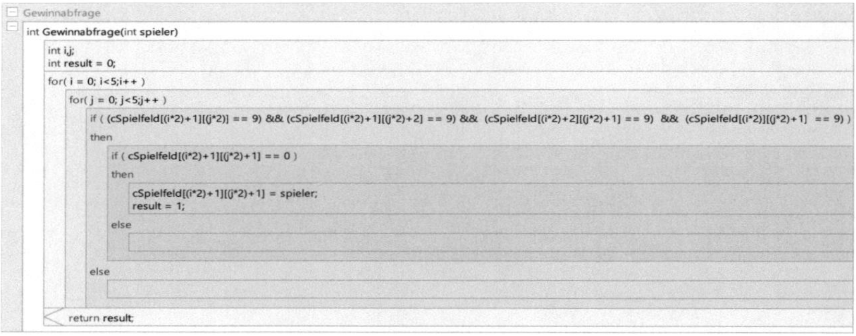

Abbildung 7: Struktogramm des Programmablaufs Gewinnabfrage

Je nachdem welche Eingaben das Programm erhält, verhält es sich anders. Es wird also im Programm verzweigt innerhalb der Schleifenvariablen gesucht, um eine entsprechende Aktion und Folgeaktionen ausführen zu können. Es werden durch den logischen Operator „&&" die Teilbedingungen miteinander verknüpft (9 entspricht ein belegtes Kästchen und 0 entspricht ein freies Kästchen).[3] Die Abfrage für die Punkteerzielung erfolgt sobald alle vier Seiten eines Kästchens mit Wänden belegt sind. Der Punkt wird dem Spieler zugeschrieben, der zuletzt gesetzt hat und darf anschließend erneut setzen.

3.5 Funktion „int Spielende()"

Abbildung 8: Struktogramm des Programmablaufs Spielende

Die Abfrage für das Spielende erfolgt sobald alle Möglichkeiten für das Setzen einer Wand um eines der Kästchen ausgeschöpft sind. Mithilfe des Modulo-Operators werden die Zeilen und Spalten addiert und die Summe dividiert. Mit der If-Anweisung wird auf Gleichheit „==" der Bedingungen geprüft.[4]

---

[3] Vgl. http://www.c-howto.de/tutorial/verzweigungen/
[4] Vgl. https://www.tutorials.at/c/06-kontrollstrukturen-if.html

3.6 Funktion „int IstFeldfrei(int iZeile, int iSpalte)"

```
IstFeldfrei
int IstFeldfrei(int iZeile, int iSpalte)
    return ((cSpielfeld[iZeile-1][iSpalte-1]==0) && ((iZeile+iSpalte) % 2 == 1) && (iZeile < 12) && (iSpalte < 12) && (iZeile > 0) && (iSpalte > 0));
```

Abbildung 9: Struktogramm des Programmablaufs Spielfeldfrei

Diese Funktion überprüft, ob der gewünschte Zug durchgeführt werden kann. Sollte bereits die Zeile und die Spalte verwendet worden sein, so kann der Zug nicht durchgeführt werden. Dann darf der Spieler erneut einen Zug durchführen.

3.7 Funktion „int EingabeToRowCol(char *Eingabe, int *Zeile, int *Spalte)"

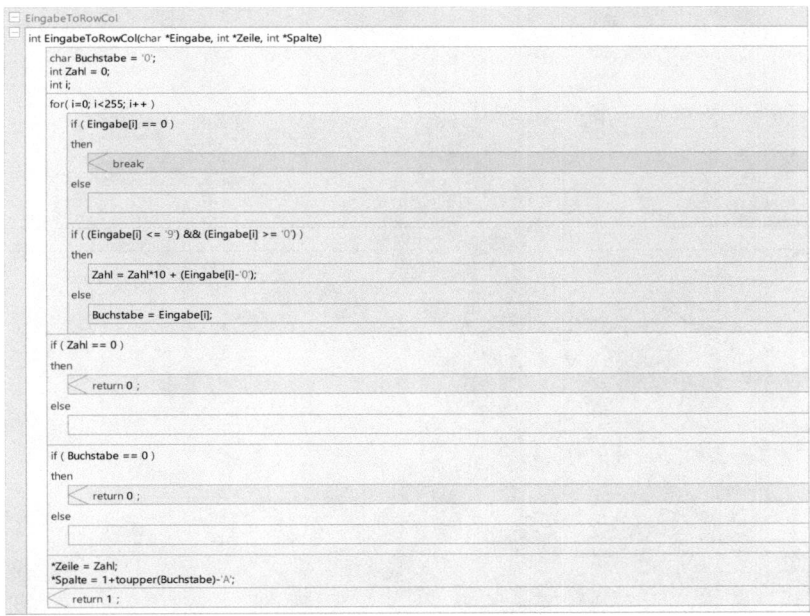

Abbildung 10: Struktogramm des Programmablaufs Eingabe für Zeilen und Spalten

In dieser Funktion ist eine char-Variable mit dem Namen „Buchstabe" erstellt wurden. Dieser erhält zunächst den Wert „A" mittels dem Zeichen selbst, hierfür muss das Zeichen in einfachen Hochkommas , gestellt sein. In den nächsten Zeilen wird der Wert des Zeichen verändert, was

8

schließlich einer „Zahl" entspricht. Somit ist die Eingabe von der Zeile und Spalte möglich um einen Spielzug machen zu können.[5]

3.8 Funktion „int iWertEingabe(char *text)

```
WertEingabe
int iWertEingabe(char *text)
    int iZahl=0;

    printf("%s : ", text);
    scanf("%i", &iZahl);

    return iZahl;
```

Abbildung 11: Struktogramm des Programmablaufs Werteingabe

Um die Aufforderung zur Eingabe von Zeile und Spalte für den nächsten Zug wird diese Funktion genutzt.

3.9 Funktion „void kk_spiele_listen()"

```
kk_spiele_listen
void kk_spiele_listen()                                        //Dateizeiger erstellen
    FILE *fp;
    char sSpieler[20]=" ";
    int iPunkt=0, iZuege=0;

    printf("Liste letzte Spiele\n\n");

    fp = fopen("spiele.txt", "r");                             // Datei oeffnen
    if ( fp == NULL )
    then
        printf("Datei konnte NICHT geoeffnet werden.\n");
    else
        printf("Datei konnte geoeffnet werden.\n");
        while( 0 == feof ( fp ) )
            // 0 bedeutet, ich stehe nicht am Ende und es gibt noch Daten zu lesen.
            fscanf(fp, "%s", sSpieler);
            fscanf(fp, "%i", &iPunkt);
            fscanf(fp, "%i", &iZuege);

            printf("Spieler     : %s\n",  sSpieler);
            printf("Punkte      : %i\n",  iPunkt);
            printf("Spielzuege  : %i\n\n", iZuege);
        fclose(fp);                                            // Datei schliessen
    printf("Liste letzte Spiele\n\n");
    getch();
```

Abbildung 12: Struktogramm des Programmablaufs Liste letzter Spiele

Mit fopen kann die Datei für die Speicherung der Spiele geöffnet werden. Der Parameter File fp gibt den Pfad der Datei auf der Festplatte an, die verarbeitet werden soll. Der Parameter „r

---

[5] Vgl. http://www.c-howto.de/tutorial/variablen/datentypen/zeichen/

9

(für lesen)" gibt an, in welchem Modus die Datei geöffnet werden soll und welche Operationen auf die Datei ausgeführt werden dürfen. Mit fclose wird die Datei wieder geschlossen.[6]

3.10 Funktion „void kk_spiel_speichern()"

```
kk_spiel_speichern
void kk_spiel_speichern()                                    //Dateizeiger erstellen
    FILE *fp;
    char sSpieler[20]=" ";
    int Punkte;

    printf("Spielergebnis speichern\n\r");
    if ( iPunkte[1] > iPunkte[0] )
    then
        strncpy(sSpieler,"Spieler2",19);
    else
        strncpy(sSpieler,"Spieler1",19);

    Punkte = abs(iPunkte[1]-iPunkte[0]);

    fp = fopen("spiele.txt", "a");                           // Datei oeffnen
    if ( fp == NULL )
    then
        printf("Datei konnte NICHT geoeffnet werden.\n");
    else
        printf("Datei konnte geoeffnet werden.\n");
        printf("Haenge an: %s %i %i \n", sSpieler, Punkte, iZuege);
        fprintf(fp, "%s %i %i \n", sSpieler, Punkte, iZuege);

        fclose(fp);                                          // Datei schliessen

    getch();
```

Abbildung 13: Struktogramm des Programmablaufs   Spielergebnisse speichern

Mit dem Befehl „String Copy, strcpy(sSpieler, Spieler2, 19)", wird der Inhalt des Strings kopiert und die Speicherung kann erfolgen.

- sSpieler   ist Zeiger auf Ziel-Array
- Spieler2   ist Zeiger auf Quell-Array
- 19   Anzahl der Zeichen zum kopieren

Die Zeiger-Benennungen sSpieler und Spieler2 stehen für Quelle und Ziel der Informationen. Mit „strncpy" werden hier 19 Zeichen von Quelle nach Ziel kopiert. Wichtig ist, dass die Länge des zu kopierenden Strings kleiner als die Länge des Quell-Strings ist.[7]

---

[6] Vgl. http://www.c-howto.de/tutorial/dateiverarbeitung/oeffnen-schliessen/
[7] Vgl. http://www.c-howto.de/tutorial/strings-zeichenketten/string-funktionen/strings-kopieren/

10

Literaturverzeichnis

- Programmieren in C lernen,

  http://www.c-howto.de/tutorial/einfuehrung/, (28.07.2020)

- C programmieren für Anfänger Tutorials

  https://www.youtube.com/watch?v=x-2ZCkS3OHY, (19.07.2020)

- García, Ricardo Hernández:

  ANSI C 3.0 - Grundlagen der Programmierung; Herdt Campus: Bodenheim, November 2017 (1. Ausgabe).

- C-Tutorial

  https://www.tutorials.at/c/06-kontrollstrukturen-if.html, (24.07.2020)

- Programmierbeispiel für das Spiel Käsekästchen in C++

  http://www.hulemule.de/kaesekaestchen, (20.07.2020)